# PREMIERS EXERCICES
## DE
# LECTURE COURANTE
## ET DE
# PRONONCIATION

### PAR
### L.-C. MICHEL

NOUVELLE ÉDITION REVUE ET AMÉLIORÉE

## PARIS
DEZOBRY, MADELEINE ET C<sup>ie</sup>, LIBRAIRES-ÉDITEURS
**Rue des Écoles, 78**
(Quartier de la Sorbonne, près de l'hôtel Cluny)

—

**1860**

# TABLE DES MATIÈRES.

**1. La première Lecture.**

**2. Exercices sur l'Alphabet et le Syllabaire.**—Voyelles, consonnes, diphthongues, doubles consonnes, lettres muettes. — syllabes pures, syllabes consonnantes, mots, pag. 4, à 7 (1).

**3. Exercices sur la Formation des syllabes.** Règles générales, 8, 9 ; — Voyelles composées et nasales, diphthongues voyelles, 10, 11. — Tréma et emploi de l'y, 12, 13 ; — Consonnes composées, doubles consonnes, 14, 15 ; — Diphthongues consonnes, 16, 17. — Lettres nulles ou muettes, 18, 19.

**4. Lectures variées.** Les métiers 20, 21 ; — Ce qui sert, ce qui nuit, 22, 23 ; — Les cris des animaux, 24, 25 ; — Ce qu'il faut faire, ce qu'il faut éviter, 26. — Qui saura lire le premier? 27. — Qui ne prend point part à la peine, n'a pas droit à la récompense, conte, 28.

**5. Exercices sur les équivalents des consonnes et phrases en exemples.** Equivalents des consonnes, 30, 31, 32, 33 ; — Equivalents des voyelles, 34, 35, 36, 37 ; — Lettres muettes, signes d'accentuation, 38, 39.

**6. Lectures variées.** Les métiers, 40 ; les cris des animaux, 41 ; ce qu'il faut faire, ce qu'il faut éviter, 42, 43 ; — Ce qui sert, ce qui nuit, 44. — Dieu t'a vu : le larcin, conte, 45. — La bonne action, 46. — L'obligeante petite voisine, 47.

**7. Exercices sur la récapitulation des équivalents.** 48, 49.

**8. Sur la liaison des mots.** Liaison indiquée par le trait d'union ; — Liaison des consonnes sonnantes ; — De quelques consonnes muettes. Changement de son de quelques consonnes ; liaison de l'e muet, élision des voyelles nasales, 50 à 55.

**9. Exercices sur les signes de ponctuation.** Virgule, point-virgule, deux points, point, point d'interrogation, d'exclamation, 56, 67.

**10. Lectures variées.** Ce qu'il faut faire, ce qu'il faut éviter, 58, 59. — Ce qui sert, ce qui nuit, 60. — Les métiers, 61. 62. — Le mauvais conseil repoussé, 93. — Le secret de réussir, 64.

(1) *Observation essentielle.* Dans tous les exercices, la page de gauche contient l'exposé des principes et des règles, et la page de droite en montre l'application dans des phrases détachées. Les deux pages sont donc en corrélation nécessaire.

---

Paris. — Imprimerie de W. REMQUET ET Cie, rue Garancière, 5

PREMIERS EXERCICES DE
# LECTURE COURANTE ET DE PRONONCIATION

### LA PREMIÈRE LECTURE

Léon était bien content. Il tenait à la main un petit livre, et courait vers son père.

Père, lui dit-il, je sais lire.

Puis il ouvrit le livre à la première page. Il la lut sans faire une seule faute.

Son père le regardait et l'écoutait avec surprise.

Quand son fils eut fini la page, il l'embrassa tendrement et lui dit :

Mon cher fils, tu viens de me faire grand plaisir. Je veux te faire plaisir à mon tour ; et il lui accorda une récompense qu'il désirait beaucoup.

Le petit Léon ne regretta plus la peine qu'il s'était donnée pour apprendre à lire.

## ALPHABET

### ORDRE ALPHABÉTIQUE

A B C D E F G H I J K
L M N O P Q R S T U V
X Y Z.

### ORDRE MÉTHODIQUE

**Voyelles.**

*simples*, a, e, é, è, ê, i, o, u (y).
*composées*, eu, ou.
*nasales*, an, in, on, un.

**Consonnes.**

*simples*, b, c, d, f, g, j, l, m, n, p, r, s, t, v, z (k).
*composées*, ch, gn, ill (x, qu).

**Diphthongues voyelles.**

1° oi, oin, ui, uin; 2° ié, iè, ieu, ien, ion; 3° io, ia, ian; 4° ué, uè, oué, ouè, oua, ouan, oui.

**Diphthongues consonnes.**

1° bl, cl, fl, gl, pl; = br, cr, dr, fr, gr, pr, tr, vr, x; 2° cs, sb, sc, sp, st, sl, ct, ps, pt, scr, str.

## SYLLABAIRE

**1° Syllabes pures.**

Ba, be, beu, bon, co, ca, cou, cun, di, dan, fou, fin, go, gan, jo, jeu, jon, lan, lin, moi, mien, nui, noi, ra, rui, rien, soin, sé, ton, tu, vian, veu, zé, zo, ché, choi, gnon, gne, illa, illon, xi, xe.

Cla, cle, flu, gli, plon, brou, creu, dre, froi, fron, groin, pro, tran, vreu, tri, sbi, spé, sco, stu, sla, pso, pto, scru, stri.

**2° Syllabes consonnantes.**

Ab, ob, ec, onc, id, oud, of, ig, og, oul, eul, or, eur, as, s, ot, ut, ex, euil, ail, ouil, bac, fol, neuf, cor, bail, net, seuil, miel, fiel, soir, peur, cuir, tour, spar, truc, bloc, frac, strict, scor, cript, fleur, brupt, spec, psal, bref, bric, svel, scap, scop, spir.

## Doubles consonnes.

| | |
|---|---|
| *cc, ff.* | A ccord, gri ffe, e ffort. |
| *mm, nn.* | Fla mme, bo nne, Vie nne |
| *pp, rr.* | Na ppe, ba rre, te rre. |
| *ss, tt.* | Pli sse, me sse, ne tte. |
| *ll.* | Vi lle, a llu me, be lle. |

### Lettres muettes.

| | |
|---|---|
| *h.* | L'ho mme, Es ther, Ju dith |
| *s, x.* | Gros tas, faux prix, mauvais choix, leurs bras. |
| *c, d, g.* | Pain blanc, sang chaud, poing lourd. |
| *ds, gs.* | Pains blancs, grands ronds, étangs froids. |
| *p, t.* | Le loup mort, le pe tit champ, le camp volant |
| *ps, ts.* | Les loups morts, pe tits champs, temps frais. |
| *nt.* | Ils ai ment, ils chan tent. |
| *ent.* | Ils ai maient, ils chantaient, ils ri raient. |
| *a.* | La Saô ne, le paon, le mois d'août le taon. |

## MOTS.

Une blessure cruelle. La patte de la chienne. Commence ta lettre. Efface cette ligne. Accorde ta basse. Ne casse ni le verre ni l'assiette. Allez à la ville. Allonge la tresse. Redresse ton erreur. L'âme est immortelle. La salle était tapissée et illuminée. Je connais cette belle personne.

Le Rhin et la Moselle coulent vers le nord. Saint Matthieu et saint Barthélemi étaient disciples de Jésus-Christ. Les canards traversaient les étangs. La Saône était basse au mois d'août. Les champs deviennent féconds par les engrais. Ils se battaient à grands coups de poings. Les taons fatiguaient beaucoup les bœufs.

## FORMATION DES SYLLABES.

**I.** *Pour former la syllabe, la consonne s'unit à la voyelle qui suit.*

**MODÈLES.** La mè re, le pi lo te, fi gu re, sa li ve, ca pi ta le, ba di na ge, gé né ra le, l'o li ve, l'a xe, l'u ni té.

**EXERCICES.** Le père, la lime, ta tête, devine, valide, cerise, rigole, sécurité, l'avare, l'épi, l'image, l'origine, capucine, la rixe, démoralisé.

**II.** *Si deux consonnes se rencontrent dans le corps d'un mot, la première s'unit à la voyelle qui précède et la seconde à celle qui suit.*

**MOD.** La por te, le ter me, ob ser vé, dis per se, ad mi se, ex ta se, = mar tyr, fac tu rer, mor tel, le lac, le cerf, l'arc, col por ter, sur ve nir.

**EXER.** Le charme, la peste, système, verdure, récolte, rupture, respecté, = actif, le bac, le turc, dormir, cultiver, carnaval, admiratif, calcul.

**OBSERVATIONS.** *La consonne ou les consonnes qui terminent un mot s'unissent à la voyelle qui précède.* = *Une syllabe qui se termine par une consonne s'appelle syllabe consonnante.*

## PHRASES.

I. Évite la vanité. Domine la colère. Adore la divinité. Ma mère visite le malade. La solitude repose l'âme. Le navire s'écarte du rivage. La lune a disparu. Ta docilité méritera l'éloge du colonel. Une tête modèle, une tulipe rare, la culture de l'asperge, l'étude de la médecine, une maxime sage, la gaze légère.

II. Respecte ta mère. Garde ta parole. Admire la vertu. Le captif a escaladé le mur. La bergère ferme la porte du parc. Le caporal a reçu sa solde. Ce roc escarpé borne la perspective. Cet avis a paru suspect. Ta légèreté t'expose à la perte de ta fortune. Ce texte a été altéré. L'armée barbare a été exterminée. Le calme de la mer, la corde de l'arc, la force du mal, le choc du silex, la colère d'Ajax.

**III.** *Les voyelles composées,* **eu, ou, au, eau, ai, ei:** *Les voyelles nasales,* **an, am; en, em; in, im, yn, ain, ein; on, om; un, um;** *sont inséparables et forment une seule syllabe.*

**MOD.** Jeu ne, rou te, fon te, beau té, je par lai, la rei ne, cou teau, la Sei ne, ba lai, jam be, dé cen te, em pi re, din don, en cein te, tom be, chaî ne.

**EXER.** Peureuse, foule, hauteur, chapeau, parfaite, peine, naine, = canton, jambon, importance, dédain, encan, pigeon, tourmente, lampe.

**IV.** *Les diphthongues voyelles,* **oi, oin; ui, uin; ié, iè, ieu, ien;** *sont inséparables et forment une seule syllabe* (1).

**MOD.** Voi le, join tu re, tui le, juin, sié ge, Dieu, mi lieu, pi tié, mor tier, chien, sou tien, tié deur, his toi re.

**EXER.** Toile, témoin, poinçon, la loi, boire, lointaine, huile, étui, amitié, maintien, épieu, héritier.

---

(1) Les autres voyelles réunies forment tantôt des dissyllabes et tantôt des diphthongues. L'étude en aura lieu plus tard.

**PHRASES.**

III. Avoue ta faute. Ecoute un bon conseil. Contente-toi de peu. On a tondu la laine de mon mouton. Le bateau vogue sur l'eau. Le lapin aime la feuille du thym. La tempête augmente. Un air incertain inspire la défiance. Le bon raisin fera le bon vin. Une veine ouverte. Un voleur enchaîné. La lampe éteinte. Une main impie. Une mauvaise cause.

IV. Le roi a suivi la loi. L'oisiveté te conduira à ta ruine. Mon soulier me gêne le pied. Le chien a poursuivi le gibier. J'aime voir l'étoile luire au ciel. J'ai été témoin de la fuite de l'oiseau. Un maintien modeste sied au jeune élève. La voiture a versé au milieu du sentier. J'éloigne de moi toute inquiétude. Dieu sera mon soutien. Le soir d'un beau jour de juin.

**V.** *La voyelle surmontée d'un* TRÉMA *ou précédée d'un* h ASPIRÉ *ne s'unit pas à la voyelle qui précède.*

MOD. Ai gu ë, Ca ïn, Sa ül, Hé lo ï se, Si na ï, na ï ve té, é ba hi, co hu e. Le ha meau, la hai ne, le hé ron.

EXER. Moïse, Esaü, ambiguïté, Zoïle, héroïne, aïeul, coïncider, envahir, cahutte, cohabiter, trahison, cohérence. Le hamac, la herse, le hibou.

**VI.** *L'y précédé d'une voyelle équivaut à deux* i *qui se partagent entre les deux syllabes.*

MOD. Pa y eur, mo y en, ro y au me, jo y eu se, é ga y er, a bba y e, pa y san. (*Prononcez* pai ieur, moiien, a bbai i e, é gai ier, pai i san.)

EXER. Rayon, voyageur, tuyau, délayé, envoyer, bégayer, loyauté, paysage, bruyère, octroyé, loyer, enrayer, larmoyante, fuyante, naïade, relayeur, balayeuse, faïence, contiguë, louvoyer, étayer.

**PHRASES.**

V. Défie-toi d'une réponse ambiguë. Respecte la mémoire de ton aïeul. Habitue-toi à haïr le mensonge. N'imite ni Caïn ni Saül. La ciguë a envahi le jardin. Moïse prohiba la viande de porc. La rupture d'un nerf cause une douleur aiguë. Une figure naïve. Un visage ébahi. Un cahier déchiré. La loi judaïque. Un courage héroïque.

VI. Ayez pitié de celui qui a faim et soif. Fuyez la société de l'impie. Balayez avec soin la maison. Ta chanson joyeuse a égayé le voyageur. Le soleil dore le paysage de son dernier rayon. On a envoyé à ma sœur un riche joyau. Le menteur a bégayé une mauvaise excuse. Un pays envahi. La Majesté royale. Le doyen de la faculté. Une foule bruyante. Le foyer de la famille.

**VII.** *Les consonnes composées,* **ch, gn, ill,** = **ph, gu, qu,** *et les doubles consonnes,* **bb, cc, dd, ff, gg, ll, mm, nn, pp, rr, ss, tt,** *forment un tout inséparable.*

**MOD.** Mou che, ba gue, per choir, cham pa gne, phi lo so phe, lan guir, con quê te, re quin, ta ille, mou illé, = fi lle, fa mi lle, o rei lle, so leil, = a bbé, a ccor dé, a ffai re, vi lle, i *l*lu mi né ⁽¹⁾, ga mme, bo nne, na ppe, a rrê té, se rre, vieille sse, i*m*-mor tel, i *r*ri té, sug gé ré, suc cé dé ⁽²⁾.

**EXER.** Moustache, compagnon, épitaphe, langue, moqueur, choquer, Alphonse, souillure, bataille, chenille, vermeille, pareil, bétail, addition, occupé, effigie, agglutinée, colle, village, belle, i*m*mense, immobile, innocence, chienne, appel, je cou*r*rai, terre, messe, botte, rosette, immoral, arrestation, attaque, assiette, accident, suggestion.

(1) Dans certains mots on fait sentir les deux consonnes. Cette exception est indiquée ici quand la 1ʳᵉ consonne est en *italique*.

(2) Dans ces mots les deux *g* et les deux *c* forment deux consonnes distinctes, et doivent se séparer.

**PHRASES.**

VII. Invoque Dieu chaque matin. Veille sur ta conduite. Ignore le mensonge. L'oiseau chante dans le feuillage. Le paysan gagne à force de peine son pain et celui de sa famille. Le roi Pharaon confia la conduite de son royaume à Joseph. Que le blasphème ne souille pas ta bouche. La lueur du phosphore. L'injustice de la conquête. L'aiguillon de l'abeille. La peau du phoque. N'i*rr*ite pas le chien qui sommeille.

Jésus nous a apporté la bonne nouvelle. L'âme de l'homme est *im*mortelle. La puissance de Dieu est *im*mense. Ton arrogance a choqué l'assistance. Je m'occupe à emballer cette étoffe. Ne jette pas cette pierre, elle pourrait blesser la personne qui passe. Une bonne pensée suggérée.

**VIII.** *Les diphthongues consonnes,* **bl, cl, fl, gl, pl, = br, cr, dr, fr, gr, pr, tr, vr,** *forment un tout inséparable.*

*Diphthongues accidentelles,* **mn, pn; ps, pt; sb, sc, scr, st, str.**

**MOD.** Sa ble, mar bre, bou cle, pro pre, cri ble, lè vre, croî tre, trou ble, é tran glé, im pro ba ble, = psau me, ra pso di e, spi ra le, a spi-rer, sta tu e, de sti tu er, scri be, de scrip tion, scul ptu re, ob sta cle.

**EXER.** Bible, prêtre, ébranché, multiple, agréable, fièvre, encrier, proclamé, refrogné, épreuve,=scandale, esclandre, spirituel, respiration, store, apte, Ptolémée, transcription, destructible, inextricable, obstruction.

**IX.** *La lettre* **x** *précédée d'un* **e** *et suivie d'une voyelle équivaut à* **gz** *et se partage en deux syllabes.*

**MOD.** E x il, e x o de, e x hor te, e x a mi ne. (*Syllabez* eg zil, eg zo de, eg zhor te, eg za mi ne.)

**EXER.** Exaucer, existence, exhumer, exhiber, exubérance, exorcisme.

## PHRASES.

VIII. Ne troublez pas l'ordre. Observez la règle. N'enfreignez pas la discipline. Votre explication paraîtra invraisemblable. Le sculpteur a placé sa statue dans le temple. La trahison est un crime abominable. La foudre a brisé la branche de l'arbre. La prudence conseille de réfléchir avant de parler. Préférez un livre instructif à un ouvrage frivole.

IX. Examine avec soin. Exécute avec activité. Exauce la prière du pauvre et de l'orphelin. Un blasphême exécrable a scandalisé l'assemblée. Le chrétien brave l'exil et la proscription pour défendre sa foi. L'exemple de la fourmi nous exhorte à la prévoyance. Le scribe transcrira votre observation. Un stratagème blâmable. Un écrivain expert. Une dette exigible. Une soif extrême.

**X.** *Les lettres muettes ou nulles ne comptent pas dans la syllabation.*

MOD. *h.* L'her be, le Rhin, Es ther.

*s, x.* L'a vis, le prix, la noix, faux dieux, la croix de bois, les vrais amis.

*d, t, ds, ts.* Un pe tit nid, un bord é troit, un plat lourd.=De pe tits nids, les bords é troits, les plats lourds.

*g, p, gs, ps.* Le rang, le poing, le champ, le loup. = Les rangs, les loups, etc.

*nt, ent.* Mes sœurs bro dent, cou sent; elles bro daient, cou saient; les loups hur lent, ils rô dent; ils hur laient, ils rô daient.

EXER. L'héritage, Elisabeth, Beth- léem, malheur, Jésus-Christ. Le san- glant combat, les combats sanglants. Le canard barbotait, les canards barbotaient. L'enfant lit, les enfants lisent. Les feux s'éteignent. Le temps s'écoulait. Le corps s'affaiblit.

## PHRASES.

X. Ne sois pas insensible aux prières des malheureux qui implorent tes secours. Défends les droits des faibles et des opprimés. Ne rends jamais le mal pour le bien. Vivez exempts de fautes et de remords. Ne faites point aux autres ce que vous ne voudriez pas que les autres vous fissent à vous-mêmes. Sainte Elisabeth était parente de Joseph.

Jésus-Christ chassait les marchands qui vendaient dans le temple. Les vents faisaient entendre des sifflements aigus. Les champs étaient couverts de frimas. Les loups hurlent dans le fond des bois. Les chiens aboyaient dans les hameaux. Les eaux du Rhône et celles du Rhin coulent dans des directions opposées. Les unes se dirigent vers le nord, les autres vers les contrées méridionales.

## LES MÉTIERS (ALIMENTATION).

Le laboureur cultive le blé.
Les moissonneurs le récoltent.
Le batteur sépare le grain des épis.
La vanneuse nettoie les grains.
Le meunier les réduit en farine.
Le boulanger pétrit la farine.
La farine pétrie forme la pâte.
La pâte cuite devient le pain.
Le pain nourrit les hommes.

---

Le boucher dépèce la viande.
Les chasseurs tuent le gibier.
Le pêcheur prend le poisson.
Le charcutier apprête la chair.
Les pâtissiers font les pâtés.
Le cuisinier prépare les aliments.
L'épicier vend les provisions.
La laitière trait et vend le lait.
Le maraîcher cultive les légumes.
Les jardiniers ont soin des jardins.

Le vigneron cultive la vigne.
Le vendangeur récolte les grappes.
Le fouleur les écrase et les presse.
Le raisin pressé donne le vin.
Le cabaretier vend du vin.
Le vin aigri devient du vinaigre.
Les distillateurs distillent le vin.
Le vin distillé fait de l'eau-de-vie.
Le liquoriste prépare des liqueurs.
Le brasseur fabrique la bière.

---

Le confiseur fait les dragées
Le pâtissier fait les gâteaux.
Le cafetier vend du café.
Le saunier prépare le sel.
La fruitière vend les légumes.
La crémière vend le beurre, la crème et le fromage.
Le coquetier achète les œufs et les porte au marché.
Le traiteur prépare les repas.
L'aubergiste loge les voyageurs.

## CE QUI SERT.

Le soleil éclaire l'univers.
Ses rayons échauffent la terre.
Les vents rafraîchissent l'air.
Les orages purifient l'atmosphère.
La pluie féconde les champs.
La neige conserve les blés.
Les ruisseaux arrosent les prairies.
La rosée rafraîchit les plantes.
Les rivières portent les bateaux.
Les lacs nourrissent les poissons.

---

Les bœufs labourent les champs.
Les chevaux traînent les chars.
Les ânes portent les fardeaux.
La vache et la chèvre donnent le lait.
La brebis nous livre sa laine.
Les poules nous fournissent des œufs.
Les chiens gardent les maisons.
Les chats débarrassent des rats.
Les oiseaux mangent les chenilles.

## CE QUI NUIT.

La sécheresse flétrit les plantes.
La tempête brise les vaisseaux.
La grêle ravage les récoltes.
La foudre tue et incendie.
La gelée détruit les bourgeons.
Les ouragans renversent les arbres.
Les torrents dévastent les plaines.
Les brouillards causent des fièvres.
Les eaux stagnantes sont malsaines.
Les épidémies dépeuplent les villes.

---

Les loups dévorent les moutons.
Les renards prennent les poules.
Les tigres attaquent les hommes.
Les fouines dévastent les poulaillers.
Les rats détruisent les provisions.
Le venin de la vipère cause la mort.
L'œstre tourmente les bœufs.
Le charançon dévore le blé.
Les teignes rongent les étoffes.
Les chenilles mangent les plantes.

## LES CRIS DES ANIMAUX.

Les poissons n'ont point de voix : ils sont *muets*.

Les oiseaux et les quadrupèdes ont la *voix*. Ils font entendre des *chants* ou des *cris*.

Les hommes ont la voix comme les oiseaux et les quadrupèdes. Ils chantent, ils crient ; ils ont de plus la *parole* ; ils *parlent*.

Les cris des animaux portent des noms différents.

Le cheval *hennit*, l'âne *brait*. Le chien *aboie* ou *jappe*. Le bœuf et la vache *beuglent* ou *mugissent*. Les moutons et les brebis *bêlent*.

La chèvre *chevrotte*, le cochon *grogne*. Les chats *miaulent*, les renards *glapissent*.

Le cerf *brame*, le loup *hurle*, le lion *rugit*.

Le cheval annonce sa joie ou son effroi par des *hennissements*.

On aime à entendre les *mugissements* lointains des taureaux.

Les bœufs égarés s'appellent et se répondent par leurs *beuglements*.

Les *aboiements* des dogues effrayent les voleurs ; les *jappements* des chiens importunent les voisins.

Le *grognement* du cochon est aussi disgracieux que le *brayement* de l'âne.

La fermière tremble pour ses poules quand elle entend les *glapissements* du renard.

Le petit agneau appelle sa mère par ses *bélements*.

Les *miaulements* des chats troublent le repos de la nuit.

Les *hurlements* des loups sont lugubres et le *rugissement* du lion répand la terreur.

### CE QU'IL FAUT FAIRE.

Aimons Dieu de tout notre cœur.

Adorons-le, et prions-le chaque jour afin qu'il veille sur nous.

Ayons toujours présents à notre pensée ses saints commandements.

L'Eglise est la maison de Dieu : comportons-nous-y comme si nous étions en sa présence.

Les prêtres sont les ministres de Dieu; respectons-les et honorons-les.

### CE QU'IL FAUT ÉVITER.

N'oublions pas que Dieu voit toutes nos actions.

Ne faisons rien qui puisse l'offenser.

Ne négligeons pas de le prier matin et soir.

Ne prononçons jamais son nom avec irrévérence.

N'ayons point de distractions à l'église. Évitons d'y parler et d'y rire.

Éloignons-nous des impies et ne prêtons pas l'oreille à leurs conversations dangereuses.

### Qui saura lire le premier ?

Ce ne sera pas celui qui cause, qui rit, ou qui bâille pendant sa leçon.

Ce ne sera pas celui qui tourne la tête à droite ou à gauche, et qui pense à autre chose.

Ce ne sera pas celui qui regarde voler une mouche ou qui écoute aboyer un chien.

Celui qui lira bien le premier, c'est celui qui donnera toute son attention à la leçon et qui cherchera à bien comprendre ce qu'il lit.

Celui qui écoutera les avis du maître et qui les suivra docilement, celui-là deviendra un écolier modèle ; il fera la consolation de ses maîtres et la joie de ses parents.

**Qui ne veut pas prendre part à la peine n'a pas droit à la récompense.**

Pierre et Jacques revenaient le soir de l'école.

Ils passèrent devant le pré d'un fermier qui ramassait son foin avec grande hâte parce que l'orage menaçait. Il invita les deux enfants à l'aider.

Pierre prit aussitôt un râteau et se mit à la besogne. Pendant qu'il rassemblait le foin en tas, et qu'à l'aide d'une fourche il le chargeait sur une voiture, Jacques s'était étendu au bord d'un ruisseau, alléguant qu'il avait chaud et qu'il était fatigué.

Le foin ramassé et rentré, le fermier apporta devant la porte une petite table sur laquelle sa femme plaça une jatte de lait frais, et un morceau de pain appétissant.

Le paresseux Jacques accourut

pour en avoir sa part. Mais le fermier lui dit, en offrant à son camarade une grande tasse couronnée jusqu'au bord d'un lait mousseux : Mon ami, votre camarade en partageant tout à l'heure ma besogne a acquis le droit de partager ma nourriture. Pour vous, qui m'avez refusé votre aide, il est juste que je vous refuse une place à ma table. Rappelez-vous que celui qui ne veut pas travailler, n'a pas le droit de demander à manger.

Permettez-moi, lui dit alors Pierre, de partager ma tasse avec mon camarade.

Votre tasse vous appartient, répondit le fermier, vous pouvez en faire ce que vous voudrez, et je suis bien aise de voir que vous n'êtes pas seulement un enfant laborieux et obligeant, mais que vous êtes encore bon et généreux.

## PRINCIPES GÉNÉRAUX DE LA PRONONCIATION.

### Équivalents des consonnes.

**C** *se prononce comme dans :* cave, côte, cuve, carte, = lac, bloc, Luc.
*Il a pour équivalents :*

**qu.** *Ex.* Querelle, cirque, quinze, quittance, coquin, quatre, quotité, quantième, trinquons, nous piquons, vous piquez.

**k.** *Ex.* Kiosque, kilomètre, nankin, Kabile, York, moka, jockey.

**ch.** Chanaan, chœur, chaos, choléra, chélidoine, chrétien, chlore.

**S.** Sœur, sensée, verset, constant.
*Il a pour équivalents :*

**ss** *entre deux voyelles.* Passe, tresse, mousse.

**c** *devant e, i.* Cécile, pouce, pièce, cirque, cercle, écorce, noirceur, centime.

**ç** *devant a, o, u.* Forçat, garçon, gerçure, français = nous plaçons, il plaça.

**t.** Facétie, ineptie, initial, nuptial, captieux, ambitieux, partiel, essentiel.

## PHRASES.

Au commencement de la classe, les écoliers chantent en chœur un cantique pour invoquer la protection divine. Évitez les moqueries, car elles provoquent les querelles.

Jacob quitta les bords de l'Euphrate et s'avança vers le pays de Chanaan. Quatre kilomètres équivalent à peu près à une lieue commune. Le kiosque que nous remarquons d'ici est environné d'acacias plantés en quinconce.

La façade de la maison du jardinier est tapissée de fleurs de liserons et de capucines. En avançant dans l'église, la jeune fiancée a abaissé son voile de gaze sur son visage. La sagesse et la sincérité de cet enfant le rendent incapable de l'action indécente dont on le soupçonne. La patience et la résignation doivent être les vertus des chrétiens. Un juge impartial écoute les deux parties sans préventions. Il ne faut pas s'attacher à des minuties et négliger les choses essentielles.

**Z.** Gaze, azur, zèle, zizanie.
*Il a pour équivalent :*
**s** *entre deux voyelles.* Ruse, vase, rose.
**G.** Garde, gourde, glaive, = grog, gage.
*Il a pour équivalent :*
**gu** *devant e, i.* Guide, guerre, guimpe, élaguer = j'élaguais, nous élaguons, vous élaguâtes, ils élaguèrent.
**J.** Jeu, joli, joie, jambe, sujet.
*Il a pour équivalent :*
**g** *devant e, i.* Génie, gilet, engin, juge = nous rangeons, ils rangeaient.
**F.** Foi, France, fifre, = vif, neuf, bref.
*Il a pour équivalent :*
**ph.** Phare, philosophe, phénomène, géographie, phosphore, éléphant.
**X** *se prononce* **gz** *quand il est précédé d'un* **e** *initial et suivi d'une voyelle.* Exil, exonérer, exhorter, inexact, Xavier, exhumer, exhiber.
**X** *Il se prononce* **cs** *partout ailleurs.* Taxe, fixité, axiome, texte, rixe, luxe, maxime, mixte, silex.

Notre ange gardien nous guide dans les mauvaises routes, et nous suggère de bonnes résolutions. J'ai ombragé de feuillage la cage de mon joli pigeon. J'ai garni sa mangeoire de grains d'orge et de mil. L'instruction est un bagage qui ne gêne ni ne fatigue jamais. L'ignorance des règles de la langue française annonce une éducation négligée. Ne nous engageons pas dans une guerre injuste. Que le zèle du service de Dieu embrase vos cœurs.

La géographie nous fait connaître la forme et la figure de la terre. Mes amies Sophie et Delphine sont arrivées le jour de la fête de l'Épiphanie. Joseph vendu par ses frères fut conduit à Memphis, où il devint premier ministre du roi Pharaon. N'exercez aucune vexation envers vos condisciples. Évitez toute rixe et toute contestation avec eux. Le juge a examiné le texte de la loi. La prière de l'exilé a été exaucée. Saint François Xavier s'exposait aux plus grands dangers pour prêcher l'Évangile.

### Équivalents des voyelles.

**É** *se prononce comme dans :* été, épée.
   *Il a pour équivalents :*
**er.** Pêcher, rucher, cocher, boucher, =
   poirier, prunier, = aimer, prier.
**ez.** Nez, chez, assez, vous aimez, vous
   vouliez, allez, venez, fuyez.
**È.** Père, la sève, lève, genèse, modère.
   *Il a pour équivalents :*
**es.** Les, mes, tes, ses, = peste, leste, veste.
**e** *devant* une *double consonne.* Belle, nette,
   étrenne, effort, essor, erreur, exil.
**et, est.** Il est, jet, fluet, projet, inquiet.
**Ê.** Tête, blême, forêt, la gêne, l'arrêt.
   *Il a pour équivalents :*
**ei.** Peine, Seine, haleine, peigne, teigne.
**ai.** La paire, la gaîne, la maison, l'air, la
   chair, ils aimaient, ils plantaient.
**O.** Obole, homme, ortie, occuper.
   = Dôme, apôtre, j'ose, rose, Rhône.
   *Il a pour équivalents :*
**au, eau.** Mauve, pauvre, tuyau, eau, peau,
   château, ruisseau, baume, chaume.

## PHRASES.

N'excusez pas en vous-même les défauts que vous blâmez chez les autres. Les amandiers, les abricotiers, les pêchers du verger ont été couverts de fruits cette année. Il ne faut ni parler, ni manger, ni crier pendant la classe. Le jardinier a essayé de planter plusieurs pieds de mûriers, de noyers et de châtaigniers.

Il est imprudent de confier le secret de ses affaires même à ceux qui feignent de s'y intéresser. La peine succède au plaisir ; mais gardez-vous de douter que le plaisir ne revienne après la peine. Il n'est pas permis de contracter de nouvelles dettes avant d'avoir payé les anciennes. Observez les manières des gens bien élevés et imitez-les. Caïn essaya vainement d'échapper aux remords qui le tourmentaient.

Les prairies du Dauphiné sont remplies de troupeaux de bœufs et de génisses. Votre sœur s'est empressée de faire l'aumône à ce pauvre manœuvre. La paix du cœur est la compagne des mœurs pures.

**U.** Une, lune, pur, cuve, parure.

*Il a pour équivalent :*

**eu.** J'eus, tu eus, il eut, nous eûmes.

**EU.** Bleu, creu, peur, seul, seule.

*Il a pour équivalent :*

**œu.** Sœur, cœur, œuvre, bœuf, mœurs.

**I.** Ivre, lit, île, divinité, gîte.

*Il a pour équivalent :*

**y.** Lyre, satyre, hymne, Hippolyte.

**ii** *ont pour équivalent* **y** *entre deux voyelles.*

Moyen, tuyau, payer, soyeuse.

**AN.** An, plan, tante, abandon, rangé.

*Il a pour équivalents :*

**en, am, em.** Lent, tendre, vente = ample, jambe, camphre, membre, temps.

**IN.** Lin, fin, mince, princesse.

*Il a pour équivalents :*

**ain, ein.** Pain, main, bain, sainte, = sein, frein, peindre, feindre.

**im, ym, aim.** Impair, timbre, thym, tympan, faim, essaim, daim.

**en** *à la fin des mots.* Chien, mien, chrétien.

**ON, UN.** Onze, un, ponton, défunte.

*Ils ont pour équivalents :*

**om, um.** Ombre, pompe, humble, parfum.

Les bateaux trainés par des chevaux remontaient le cours de l'eau. Ce paysan a eu peur en voyant tomber la foudre. Il eût mieux fait de ne pas se réfugier sous l'ormeau.

Les voyageurs admiraient la symétrie du jardin royal, les prairies verdoyantes et les cygnes qui déployaient leurs grâces sur les bassins. Le thym exhale un parfum qui embaume les champs. La lumière tremblante de la lampe brille dans l'ombre du temple. L'essaim sortira de la ruche demain matin si le temps est serein. Le daim craintif cherche à se mettre hors de l'atteinte des chiens.

Après la tempête, les rayons du soleil semblent plus doux et plus brillants. Le symbole des apôtres présente aux chrétiens l'ensemble des vérités qu'ils doivent croire. Les saints étaient humbles de cœur et pleins de charité pour leurs frères. Les martyrs bravaient les défenses impies des empereurs et la rage des bourreaux. L'humble violette cachée sous l'ombre d'un buisson embaume l'air de son parfum.

### Lettres muettes.

Les lettres muettes ne se prononcent pas.

1° *Au commencement des mots.* Homme, août, science, heureux, hypocrite;

2° *Au milieu des mots.* Chœur, faon, sympathie, baptême, bonheur, cohorte.

3° *A la fin des mots.* Le plomb lourd, le banc, le camp, les pas, la croix. = Les plombs, les bancs, les camps, le corps, le remords, les chevaux. = Ils aiment, ils aimaient, ils viennent, ils viendraient.

### Signes d'accentuation.

*L'*e *surmonté d'un accent* **aigu** ′ *s'appelle* e **fermé.** L'été, cécité, délégué.

*L'*e *surmonté d'un accent* **grave** ` *s'appelle* e **ouvert.** Le père, la mère, ils trouvèrent, il sème, il préfère.

*La* **voyelle** *surmontée d'un accent* **circonflexe** ^ *est* **longue** *et* **grave.** L'âtre, le prêtre, l'apôtre, la pâte, blasphême.

*La* **voyelle** *surmontée d'un* **tréma** ¨ *forme une syllabe distincte.* Caïn, Esaü, ambiguïté, ciguë, etc.

*L'* **h aspiré** *placé entre deux voyelles les sépare en deux syllabes distinctes.* Trahison, prohiber, ahuri, cohue.

## PHRASES.

Saint Jean-Baptiste apprit dans le désert que Jésus-Christ rendait la vue aux aveugles et l'ouïe aux sourds. Nos aïeux préféraient le séjour des champs à celui des villes. Au printemps les oiseaux construisent leurs nids dans les buissons des haies et les rameaux des arbres les plus touffus. Pendant l'été les fleurs exhalent leurs plus suaves parfums. L'automne est la saison des fruits et des récoltes. Les brouillards et les tempêtes annoncent l'hiver qui est le temps des frimas et des neiges.

Dieu forma le corps de la femme d'une des côtes d'Adam. La fête de la Pentecôte rappelle la descente du Saint-Esprit sur les apôtres. La chatte a mis ses pattes dans la pâte. Les pâtres adorèrent l'Enfant Jésus dans l'étable de Bethléem. Les philosophes païens haïssaient les premiers chrétiens. Ils voyaient que les exemples de ces hommes humbles et vertueux condamnaient hautement les passions et les vices infâmes du paganisme. Les feuilles du houx sont armées de pointes aiguës. Les soldats ennemis envahissaient les provinces que la trahison leur avait livrées.

## LES MÉTIERS (VÊTEMENTS).

Le cultivateur récolte le chanvre.
La teilleuse en extrait les filaments.
Le peigneur les divise et les nettoie.
La fileuse en forme des fils.
De ces fils le tisserand fait la toile.
De la toile la lingère fait le linge ;
La couturière le coud et l'ajuste ;
La blanchisseuse le lave et le blanchit ;
La repasseuse le repasse.
Le berger a soin des moutons.
Le tondeur coupe leur laine.
Le filateur la transforme en fils.
Les tisseurs en font des étoffes.

Les teinturiers teignent les étoffes ;
Le tailleur les façonne en vêtements ;
Le chapelier en fabrique des chapeaux.
Le boucher écorche les bœufs.
Le corroyeur prépare leur peau.
Les tanneurs les tannent.
La peau préparée et tannée est le cuir.
Avec le cuir le bottier fait des bottes ;
Le cordonnier fait des souliers ;
Le bourrelier fait des harnais ;
Le sellier fait des selles et des brides.

## LES CRIS DES ANIMAUX.

On désigne les cris et les chants des oiseaux par différents noms.

Les fauvettes et les linottes *gazouillent*. Le rossignol et le serin *chantent*. Le pigeon et la tourterelle *roucoulent*. Le canard et les oies *cancannent* ou *nasillent*. Le moineau et les petits poulets *piaulent*. La poule *glousse*; le coq *chante*. La pie *jacasse*; le corbeau *croasse*. Le paon *braille*; le dindon *glougloute*. Les abeilles et les mouches *bourdonnent*. Le serpent *siffle*; la grenouille *coasse*.

Les *gazouillements* des petits oiseaux égayent les bosquets au printemps. Le chant matinal du coq éveille le laboureur.

Que les chants du rossignol sont mélodieux au milieu du silence d'une belle nuit d'été! Les monotones *roucoulements* des tourterelles fatiguent l'oreille.

Les *braillements* aigus des paons et les *croassements* des corbeaux annoncent la pluie. Les bords de l'étang retentissaient du *coassement* uniforme des grenouilles.

Le *bourdonnement* des abeilles et le *murmure* des ruisseaux invitent au sommeil. Le *sifflement* du serpent annonce sa colère.

## CE QU'IL FAUT FAIRE.

Ayez pour votre mère une affection pleine de reconnaissance.

Recherchez toutes les occasions de lui faire plaisir.

Consolez-la dans ses peines.

Aidez-la dans ses besoins.

Secondez-la dans ses travaux.

Confiez-lui toutes vos pensées et tous vos projets, toutes vos joies et toutes vos peines.

Obéissez à votre père et respectez-le.

Écoutez ses avis et conformez-vous à ses volontés.

Vos maîtres tiennent la place de vos parents. Vous devez les respecter et leur obéir comme à vos parents eux-mêmes.

Montrez une tendre affection à vos frères et à vos sœurs.

Vivez avec eux en bonne intelligence.

Rendez-leur tous les services que vous pouvez.

Supportez leurs défauts.

Excusez leurs fautes et leurs torts.

Consolez leurs peines et venez-leur en aide dans leurs besoins et leurs embarras.

## CE QU'IL FAUT ÉVITER.

Ne causez jamais aucun chagrin à votre mère.

N'oubliez pas les peines qu'elle s'est données pour vous élever.

Ne l'abandonnez pas dans ses besoins.

Ne négligez pas ses bons conseils.

Ne lui cachez ni ce que vous faites, ni ce que vous pensez.

Ne vous irritez pas des réprimandes de votre père ou de vos maîtres.

Ne désobéissez jamais à leurs ordres.

Ne manquez pas aux égards et au respect que vous leur devez.

N'écoutez pas ceux qui en disent du mal.

Fuyez ceux qui cherchent à les tourner en ridicule.

Ne contrariez point vos frères et vos sœurs.

Ne révélez point inutilement leurs fautes.

Ne vous moquez pas de leurs défauts.

Ne soyez pas jaloux de leurs qualités ou de leurs succès.

Évitez de les contrarier et ne vous querellez jamais avec eux.

## CE QUI SERT.

Le fumier engraisse la terre.
Les remèdes guérissent les malades.
Le feu réchauffe les vieillards.
L'air sain vivifie les poumons.
L'eau pure désaltère et rafraîchit.
Le vin pris avec mesure soutient les forces.
Les fruits mûrs sont salutaires.
Les gelées d'hiver tuent les insectes.
Un travail modéré entretient les forces.
Les bons livres instruisent.
Un ami vertueux est un trésor.

## CE QUI NUIT.

Les mauvaises plantes épuisent le sol.
Les poisons donnent la mort.
Les fruits de la jusquiame et de la belladone sont des poisons dangereux.
L'air vicié cause des maladies.
L'eau corrompue est malsaine.
Le vin pris avec excès ruine la santé.
Les fruits verts sont malsains.
Les gelées de printemps détruisent les fruits.
Un travail excessif altère la santé.
Les mauvais livres corrompent.
Un ami vicieux est un fléau.

### Dieu t'a vu. — Le Larcin.

Un jour Jean et Paul son frère aîné revenaient ensemble de l'école. Le chemin qu'ils suivaient passait le long d'un jardin planté de fraisiers.

Ces fraisiers étaient couverts de belles fraises rouges qui attiraient les yeux des passants. Le petit Jean se laissa aller au plaisir de les regarder, et l'envie lui vint d'en cueillir une. Il y avait justement à côté de lui un trou dans la haie; il y passa le bras, et retira la main avec une tige de fraisier chargée de plusieurs fruits.

O mon frère! que viens-tu de faire? s'écria Paul. Tu sais bien que ces fraises ne sont pas à nous. Veux-tu donc devenir un voleur?

Jean tout honteux dit à son frère: J'ai eu tort; mais heureusement personne ne m'a vu prendre ces fraises. Au même instant une grosse voix se fit entendre derrière la haie et prononça ces paroles.

Tu te trompes; DIEU T'A VU.

Le petit Jean fut sur le point de s'évanouir tant il était effrayé.

L'homme qui avait prononcé ces mots se releva de derrière la haie. C'était le maître

des fraisiers. Il dit à Jean qui tremblait :
« Je te pardonne ton larcin à cause des sentiments honnêtes de ton frère. Suis ses bons conseils pour devenir honnête comme lui, et n'oublie pas qu'aucune de nos actions n'échappe aux yeux de Dieu. »

### Dieu t'a vu. — Une bonne action.

Le petit Joseph gardait dans un champ les moutons de son père. Sa mère avait eu soin de le munir d'un panier où se trouvait son goûter.

Il se préparait à le manger de bon appétit lorsqu'il vit au bord de la route une petite fille qui paraissait épuisée de fatigue et de faim. Elle se tenait tristement assise sur un fagot de bois mort, qu'elle avait passé tout le jour à ramasser dans la forêt. Joseph savait que ses parents étaient très-pauvres et qu'elle manquait souvent du nécessaire.

Il vint auprès d'elle et lui offrit son goûter qu'il l'a força de manger. Puis il retourna à ses moutons sans penser qu'il était à jeun.

Courage, brave Joseph ! personne n'a été témoin de ta bonne action ; tu n'en as pas parlé à tes parents, mais DIEU L'A VUE et il t'a béni.

### L'obligeante petite voisine.

Louise entrait pour la première fois en classe. Elle était embarrassée, craintive, troublée.

Heureusement pour elle, Claudine, sa voisine, vit son embarras et s'empressa de lui venir en aide. Elle lui montra comment il fallait se placer, lui prêta les objets dont elle avait besoin, l'avertit de ce qu'elle avait à faire, lui apprit de quelle manière il fallait s'y prendre et la protégea contre les espiègleries de ses camarades.

Louise fut touchée d'une vive reconnaissance et conçut pour Claudine une tendre amitié. Elle recherchait à son tour les occasions de faire plaisir à son amie, et réussit souvent à lui rendre d'utiles services.

Ainsi l'obligeance de Claudine et la reconnaissance de Louise nouèrent entre ces deux gentilles filles une amitié qui répandit beaucoup de charmes sur leur séjour à l'école, et qui fit leur bonheur mutuel quand elles en furent sorties.

## RÉCAPITULATION DES ÉQUIVALENTS

### Équivalents des consonnes.

**C**    *qu, k, ch.* Coquin, kiosque, lichen.
**G**    *gu.* Gare, bague, guide, gueule.
**J**    *g, ge.* Juge, plongeon, gage, j'exige.
**Z**    *s.* Zizanie, rose, base, zèle.
**F**    *ph.* Figue, phosphore, phare, Joseph.
**Ill**    *il, ll.* Feuille, deuil, famille, fille.
**S**    *c, ç, ss, t.* Sauce, cidre, façon, dessin.

### Équivalents des voyelles.

**É**    *er, ez.* Été, rocher, lisez, chez, nez.
**È**    *es, et, est, ai, ei, e.* Père, mes, projet, il est, balai, veine, belle, bref.
**O**    *au, eau.* Loto, mauve, bateau, l'eau.
**Eu**    *œu.* Veuve, vœu, cœur, bœuf, neuf.
**I**    *y.* Civil, cygne, foyer, payse, thym.
**An**    *en, am, em.* Encens, jambe, temple.
**On**    *om.* Conte, tombe, pompe.
**Un**    *um.* Aucun, humble, parfum.
**In**    *yn, en, ain, ein, im, ym, aim.* Lin, syndic, payen, plainte, peintre, imbu, thym, faim, cymbale.

**MOTS**

Quinze, moka, Eucharistie, languir, guéri, bagage, langue, goujon, pigeon, il engagea. Zélé, poison, visite, bise, fanfaron, philosophe, Joseph, soleil, cerfeuil, maille, fille, maçon, Cécile, saucisson.

Le ver, le coucher, le nez, le préfet, le maire, la reine, gazelle, aile, il est chef. L'eau fraîche, le taureau, l'oiseau, l'œuf, la sœur, en chœur. Lyre, martyr, loyal, payé, tombe, camphre, tremble, tente. Syntaxe, symbole, bien, tien, crainte, ceinture, chrétien.

**PHRASES.**

Plantez le pommier. Allez vous promener. Ma sœur est venue à mon aide. L'œuf de la fauvette est jaune et taché de noir. La fumée du parfum monte jusqu'à la voûte du temple. La passion tyrannise le cœur. La pensée de la mort n'effraie pas le chrétien. Votre plaisanterie a égayé l'assemblée.

## LIAISON DES MOTS.

**I.** *Liaison par le trait d'union.*

Vient-il ?    Dort-elle ?    Allez-vous-en.
Aime-t-on Dieu ? Pense-t-il à soi ? Revenez-y.

Lorsqu'une consonne est unie à la voyelle suivante par un trait d'union, elle se lie toujours à cette voyelle.

**II.** *Liaison des consonnes sonnantes.*

*Prononcez :*

| | | |
|---|---|---|
| B | Jacob aimait | Jaco-b-aimait. |
| C | Bloc énorme | Blo-c-énorme. |
| F | Œuf à la coque | Œu-f-à la coque. |
| L | Mal inconnu | Ma-l-inconnu. |
| R | Un pur esprit | Pu-r-esprit. |
| M | Sem était vieux | Sè-m-était vieux. |

Les consonnes finales sonnantes *b, c, f, l, r, m,* se lient toujours au mot qui suit lorsqu'il commence par une *voyelle* ou un *h muet*.

**III.** *Liaison de quelques consonnes muettes.*

*Prononcez :*

| | | |
|---|---|---|
| T | Le pot au lait | Le po-t-au lait. |
| | Enfant ingrat | Enfan-t-ingrat. |
| | Il est ici | Il es-t-ici. |
| R | Aimer à lire | Aimé-r-à lire. |
| P | Trop étroit | Tro-p-étroit. |

Quelques consonnes finales muettes deviennent parfois sonnantes, surtout quand les deux mots sont unis intimement par le sens et la construction. Le *t* du mot *et* ne se lie jamais.

## PHRASES.

I. Le méchant pense-t-il à Dieu? Votre sœur aime-t-elle à lire? Le malade est-il tout-à-fait rétabli? A-t-on entendu le signal? Accourons-y. Défions-nous-en.

II. Jo*b* éprouva une douleu*r* amère. Le ro*c* ébranlé roula ave*c* un grand fracas. Le bœu*f* est aussi pesant que le cer*f* est agile. Ce be*l* oiseau a un vo*l* inéga*l* et lourd. Peut-on aime*r* à affliger autrui? Ce*t* or est pu*r* et san*s* alliage. Jérusale*m* est déchue. Abraha*m* offri*t* un sacrifice. Josep*h* a été vendu par ses frères. Jaco*b* en a éprouvé une grande douleur.

III. Ce lai*t* est trouble et aigre. Ce*t* enfan*t* ingrat désobéi*t* à ses parents. Parle*r* avec esprit. Mettez le ne*z* à l'air. Il a tro*p* aimé le jeu. Ce*t* homme fai*t* un trafic injuste. Vou*s* aimez à entendre parle*r* u*n* orateu*r* éloquent. Ce cheva*l* est tro*p* ombrageux. Cette ne*f* est tro*p* étroite. L'usage du tabac à fume*r* est pernicieux. Si vous surprenez un secret, ne le dévoilez à personne. Votre fils grandi*t* e*n* âge et en raison.

## IV. Changement de son des consonnes dans les liaisons.

Quelques consonnes finales muettes ne conservent pas leur son ordinaire dans les liaisons : ainsi dans la prononciation on change

| | | | |
|---|---|---|---|
| s | en z. | Mains adroites | Main-z-adroites. |
| x | en z. | Voix aigre | Voi-z-aigre. |
| d | en t. | Grand enfant | Gran-t-enfant. |
| g | en c. | Sang échauffé. | San-c-échauffé. |
| f | en v. | Neuf enfants | Neu-v-enfants. |
| ct | en c. | Respect humain | Respè-c-humain. |
| rd | en r. | Dard aigu | Da-r-aigu. |

## V. Suppression de l'e muet dans la liaison.

| Au lieu de : | On écrit : |
|---|---|
| Le ami, le espoir. | L'ami, l'espoir. |
| Le homme. | L'homme. |
| Que avez-vous ? | Qu'avez-vous ? |
| De où vient. | D'où vient. |
| Cœur de ami. | Cœur d'ami. |
| Quart de heure. | Quart-d'heure. |

| On écrit : | On prononce : |
|---|---|
| Tendre ami. | Ten-dr-ami. |
| Jeune homme. | Jeu-n-homme. |
| Une âme en peine. | U-n-â-m-en peine. |
| Chaque âge. | Cha-qu-âge. |
| Bonne épouse. | Bo-nn-épouse. |
| Le hasard, la hache. | Le hasard, la hache. |
| Les hameaux. | Les hameaux. |
| Des hangars. | Des hangars. |

L'*h aspiré* est considéré comme une consonne et la voyelle qui le suit ne se lie jamais avec la consonne qui précède.

**PHRASES.**

IV. Mon oncle attend un ami qui demeure à Bourg-en-Bresse. Ces deux aimables enfants n'ont pas encore neuf ans. Un hasard heureux vous a préservé d'une mort inévitable. Quand on répond à un vieillard, il faut parler avec respect et déférence. Ce marchand est ruiné de fond en comble. J'ai pris part à son malheur. Certains animaux ont un instinct admirable. Cette rivière a un bord escarpé.

V. Chaque homme a ses défauts comme il a ses qualités. Un loup enragé mord avec fureur les enfants qu'il rencontre. Ce jeune élève désire apprendre à lire. Votre aimable sœur a fait l'aumône au pauvre aveugle. Mon frère aime la chasse aux oiseaux. J'aime mieux la pêche aux goujons et aux écrevisses. Un homme grand n'est pas toujours un grand homme. Le singe est un malin animal. Je m'applique à prendre une bonne habitude.

## VI. Liaison des voyelles nasales.

| Liez. | Ne liez pas. |
|---|---|
| En ami, en-nami. | Donnez m'en un peu. |
| Matin et soir, matin-net. | Le matin est frais. |
| Bon enfant, bon-nenfant. | Un cœur bon et faible. |
| Bien avare, bien-navare. | Le bien et le mal. |
| Un esprit pur, un-nesprit. | Un et deux font trois. |

La consonne qui termine la voyelle nasale se lie au mot suivant quand ce mot est intimement uni au premier par le sens ou la construction.

## VII. Changement de son dans la liaison des nasales.

| On prononce : | Comme dans : |
|---|---|
| Un bo-n ami, bo nami. | Une bonne amie. |
| Un certai-n homme. | Une certaine femme. |
| Le divi-n époux. | La divine épouse. |
| U-n autre mouton. | Une autre brebis. |
| Cultive to-n âme. | Il tonne en juin. |

### EXERCICES

| Liez. | Ne liez pas. |
|---|---|
| Cinq hommes. | Cinq couteaux. |
| Cinq arbres. | Cinq haches. |
| Ils aimaient. | Ils haïssaient. |
| Ils habitaient. | Ils partaient. |
| Il est trop habile. | Il est trop hardi, trop fier. |
| Avec espoir. | Avec bonté, avec haine (1) |
| Ils ont hérité. | Ils se sont hasardés. |
| Parler au hasard. | Parler hardiment, franchement (2). |

(1) Prononcez *avé bonté, avé haine.*
(2) Prononcez *parlé hardiment, franchement.*

## PHRASES.

VI. Faites matin et soir votre prière à Dieu. On est exposé à bien des accidents dans une famille, quand tous les membres n'agissent pas d'un commun accord. Vous cueillez un raisin aigre ; choisissez-en un autre. Il ne suffit pas de bien parler, il faut aussi bien agir, et ne pas faire indifféremment le bien et le mal. Vous avez un certain espoir de réussir. Mon malheur est au contraire certain et assuré.

VII. Ma petite sœur aura cinq ans dans cinq mois. Plusieurs hommes des hameaux environnants se sont hasardés à sortir de leurs habitations malgré un orage affreux. Si vous hantez les impies et les hypocrites, les honnêtes gens vous mépriseront et vous haïront. Les Prophètes étaient animés d'un divin enthousiasme. Les oiseaux effrayés se sont échappés. Ils se sont hâtés de se mettre en liberté. Parlez avec franchise, mais non avec hauteur ni avec hardiesse.

## SIGNES DE PONCTUATION.

*1° Observez un court repos après la* VIRGULE *(,) et un repos un peu plus long, après le* POINT-VIRGULE *(;).*

La douceur, la complaisance, la politesse, nous font aimer de tout le monde. Le chien est caressant, docile, intelligent, fidèle. Il suit son maître, il le cherche, il le reconnaît, il le caresse ; il lui obéit.

Dieu est bon, indulgent, miséricordieux ; mais il est juste. Un bon écolier est docile, attentif, laborieux ; il aime ses parents et respecte ses maîtres. Mes frères sont arrivés avant l'orage ; ils n'ont donc pas été mouillés.

*2° Observer un repos marqué après les* DEUX-POINTS *(:) et surtout après le* POINT *(.) qui indique que le sens est complet et que la phrase est finie.*

Jésus-Christ a dit : Vous n'aimerez pas seulement ceux qui vous font du bien, vous aimerez aussi ceux qui vous font du mal. Ces enfants sont bien malheureux : ils ont perdu leur mère. Aime Dieu de tout ton cœur, puisqu'il t'a comblé de ses bienfaits.

Crains-le; car il est tout-puissant, et il ne laisse jamais le mal impuni. Aime ton prochain comme toi-même.

3° *Le* POINT D'INTERROGATION (?) *avertit de prendre le ton de l'interrogation et marque en même temps la fin de la phrase.*

Estime-t-on un enfant qui déguise la vérité? A quoi sert de gagner de l'argent si on perd son âme? Pourquoi paraissez-vous triste? Votre mère est-elle malade? Auriez-vous éprouvé quelque accident?

4° *Le* POINT D'EXCLAMATION (!) *avertit de prendre le ton de l'exclamation.*

Oh! que Dieu est puissant! que ses œuvres sont admirables! Quelle sagesse et quelle magnificence elles présentent! Ho! la bonne nouvelle! Ha! quel triste accident! Mon enfant, pourquoi avez-vous désobéi aux recommandations de votre mère? Quelle ne sera pas son chagrin en apprenant votre faute! Puisse-t-elle l'ignorer toujours! Que de malheurs et de peines peut amener un moment d'imprudence!

## CE QU'IL FAUT FAIRE.

Obligez vos camarades quand vous le pouvez, et cherchez à leur faire plaisir.

Protégez ceux qui sont faibles ou délaissés; consolez ceux qui sont tristes.

Supportez les plaisanteries, oubliez les offenses, ne faites pas attention aux injures.

Honorez les vieillards.

Secourez les pauvres, soulagez les malades, prenez soin des infirmes.

Faites pour les autres ce que vous désirez qu'ils fassent pour vous.

Rangez chaque chose à sa place.

Faites chaque chose en son temps.

Appliquez-vous à tout ce que vous faites.

Avant de parler songez à ce que vous voulez dire.

Que votre visage, vos mains, votre corps, soient toujours propres.

Ayez soin de vos habits et de vos livres.

Soyez sobres dans vos repas.

Respectez le bien d'autrui.

Traitez les animaux avec douceur.

Ayez soin de ceux qui vous servent.

## CE QU'IL FAUT ÉVITER.

Abstenez-vous des taquineries et des moqueries qui peuvent offenser vos camarades.

Ne persécutez pas les petits et les faibles.

Ne leur donnez pas des surnoms qui les irritent ou les blessent.

Ne vous moquez pas des infirmes, ne les tournez pas en ridicule; et ne passez pas devant un vieillard sans le saluer.

Ne rendez jamais le mal pour le mal.

Ne faites pas aux autres ce que vous ne voulez pas qu'ils vous fassent.

Ne laissez jamais traîner ni vos livres ni vos cahiers.

N'ayez aucune distraction quand vous travaillez.

Ne perdez inutilement aucune minute.

Ne dites aucune parole inutile.

Évitez de déchirer ou de salir vos vêtements.

Ne soyez ni gourmand ni glouton.

Ne cueillez pas les fruits sur les arbres qui ne vous appartiennent pas.

Ne détériorez ni les murs ni les monuments publics.

Ne maltraitez pas les animaux.

N'agacez pas le chien qui dort.

## CE QUI SERT.

L'attention fait faire des progrès.
L'application mène à la science.
La propreté entretient la santé.
L'ordre économise le temps.
La modestie excite l'intérêt.
La douceur concilie les cœurs.
La complaisance nous fait aimer.
La tempérance entretient la santé.
Le repentir efface les torts.
La franchise gagne la confiance.
L'obéissance prévient les fautes.
Un bon conseil nous sauve.

## CE QUI NUIT.

L'étourderie fait faire des sottises.
La paresse mène à l'ignorance.
La malpropreté engendre les maladies.
Le désordre fait perdre le temps.
La vanité attire des humiliations.
La colère aigrit les âmes.
L'humeur acariâtre nous fait haïr.
La gourmandise détruit la santé.
La bouderie augmente les torts.
L'hypocrisie provoque la défiance.
L'indocilité amène les châtiments.
Un mauvais conseil nous perd.

**LES MÉTIERS.** (LOGEMENTS ET USTENSILES.)

Le forestier a soin des forêts.
Le bûcheron abat les arbres;
Le charpentier en fait des poutres;
Le charron en fait des voitures;
Le menuisier, des planchers et des portes;
L'ébéniste, des meubles.
Le tourneur en fait des ustensiles divers;
Le tonnelier, des tonneaux et des cuves.
Le sabotier fabrique des sabots.
Le vannier tresse les paniers.

———

Le carrier extrait la pierre de la carrière.
Le tailleur de pierre la façonne.
Le chaufournier fabrique la chaux.
Le plâtrier travaille le plâtre.
Le tuilier fait des tuiles et des briques.
Le verrier fabrique le verre.
Le marbrier travaille le marbre.
Le maçon construit les maisons.
L'architecte dirige les maçons.
Le couvreur couvre les toits.
Le vitrier pose les vitres.
Le mineur extrait le fer de la terre;
Le fondeur le fait fondre;
Le forgeron le forge;
Le serrurier en fait des serrures;

Le cloutier en fabrique des clous;
Le maréchal, des fers pour les chevaux.
L'orfévre travaille l'or et l'argent.
Le ferblantier, le fer-blanc et le zinc.
Le bijoutier fait des bijoux.

(ARTS ET PROFESSIONS LIBÉRALES.)

Le peintre fait des tableaux.
Le sculpteur façonne le bois et la pierre.
Le musicien fait de la musique.
Le papetier fabrique le papier.
L'imprimeur imprime les livres.
Le brocheur en réunit les feuilles.
Le relieur relie les livres et les couvre.
Le libraire les achète ou les vend.
Le médecin traite les malades.
Le chirurgien fait les opérations.
Le pharmacien prépare les remèdes.
Le notaire dresse les actes et les écrits.
L'avocat plaide les procès.
Le prêtre enseigne la religion.
L'instituteur instruit les enfants.
La sœur de charité soigne les malades.
Le juge rend la justice.
Le soldat défend son pays.
Le magistrat maintient l'ordre.
Les empereurs et les rois gouvernent.

**Le Mauvais Conseil repoussé.**

Un méchant camarade s'efforçait d'entrainer le petit Joseph à une mauvaise action; il lui disait : Personne ne nous regarde et ne pourra révéler à nos parents ce que nous avons fait.

— Tu te trompes, lui répondit Joseph, en s'éloignant de lui. *Dieu nous voit* et je ne veux pas faire en sa présence ce qu'il défend et ce qui déplaît à nos parents.

---

**Le Secret de réussir.**

Ma sœur est bien heureuse, disait en soupirant la petite Charlotte. Elle lit déjà couramment, elle sait toujours bien ses leçons, sa maîtresse est toujours contente de ses devoirs, elle ne reçoit que des éloges et des caresses. Oh! que je voudrais être aussi heureuse, répétait-elle, et avoir son secret pour contenter tout le monde.

Sa mère qui l'écoutait lui dit: Veux-tu que je te le donne ce secret.

De tout mon cœur, répondit Charlotte; mais croyez-vous maman qu'il me réussisse aussi bien qu'à ma sœur.

Je n'en doute pas, ma fille; si tu veux

montrer la même bonne volonté qu'elle.

Ta sœur lit couramment parce que quand elle lit, elle n'est ni distraite ni chagrine, et qu'elle cherche à comprendre ce qu'elle lit, et à profiter des observations de sa maîtresse.

Ta sœur sait toujours bien ses leçons parce qu'elle les étudie avec courage et persévérance, et n'attend pas le dernier moment pour les apprendre.

Ta sœur réussit dans ses devoirs parce qu'elle s'y applique avec ardeur et qu'elle y apporte tous ses soins.

Ta sœur est toujours gaie et contente parce que tout le monde est content d'elle.

Essaye de faire tout cela comme elle, ma chère enfant, et tu auras bientôt le plaisir de lire couramment, de savoir bien tes leçons, d'apporter en classe de bons devoirs, de satisfaire ta maîtresse et tes parents et d'être satisfaite de toi-même.

Charlotte suivit les conseils de sa mère, et ne tarda pas à reconnaître avec bonheur qu'elle avait aussi trouvé le secret de réussir.

IMPRIMERIE DE W. REMQUET ET Cⁱᵉ, RUE GARANCIÈRE, 5.

www.ingramcontent.com/pod-product-compliance
Lightning Source LLC
LaVergne TN
LVHW022124080426
835511LV00007B/1008